Johann Sebastian Bach

SEVEN GREAT SACRED CANTATAS

in Full Score

From the
Bach-Gesellschaft
Edition

DOVER PUBLICATIONS, INC.
NEW YORK

Published in Canada by General Publishing Company, Ltd., 30 Lesmill Road, Don Mills, Toronto, Ontario.
Published in the United Kingdom by Constable and Company, Ltd., 10 Orange Street, London WC2H 7EG.

This Dover edition, first published in 1985, is an unabridged republication of seven cantatas from six volumes of *Johann Sebastian Bach's Werke*, originally published by the Bach-Gesellschaft in Leipzig:

"Wie schön leuchtet der Morgenstern" and "Bleib' bei uns, denn es will Abend werden" are from the 1st year, 1851 (first volume of the series *Kirchencantaten*, edited by Moritz Hauptmann).

"Es erhub sich ein Streit" is from the 2nd year, 1852 (second volume of the series *Kirchencantaten*, edited by Moritz Hauptmann).

"Schauet doch und sehet, ob irgend ein Schmerz sei" is from the 10th year, 1860 (fifth volume of the series *Kirchencantaten*, edited by Wilhelm Rust).

"O Ewigkeit, du Donnerwort" is from the 12th year (second part), 1862 (actually 1863; sixth volume of the series *Kirchencantaten*, edited by Wilhelm Rust).

"Sie werden aus Saba Alle kommen" is from the 16th year, 1866 (actually 1868; seventh volume of the series *Kirchencantaten*, edited by Wilhelm Rust).

"Gott, der Herr, ist Sonn' und Schild" is from the 18th year, 1868 (actually 1870; eighth volume of the series *Kirchencantaten*, edited by Wilhelm Rust).

The literal English translations of the texts were prepared specially for the present edition by Stanley Appelbaum.

Manufactured in the United States of America
Dover Publications, Inc., 31 East 2nd Street, Mineola, N.Y. 11501

Library of Congress Cataloging in Publication Data

Bach, Johann Sebastian, 1685–1750.
 [Cantatas. Selections]
 Seven great sacred cantatas.

 German words.
 Reprint of works originally published 1851–1870.
 "Translation of texts": p.
 Contents: Wie schön leuchtet der Morgenstern : (for Annunciation, Mar. 25, 1725)—Bleib' bei uns, denn es will Abend werden : (for Easter Monday, Apr. 2, 1725)—Es erhub sich ein streit: (for St. Michael, Sept. 29, 1726)—[etc.]
 1. Cantatas, Sacred—Scores. I. Title.
M2020.B16D7   1985   85-751115
ISBN 0-486-24950-6

CONTENTS

Festo annunciationis Mariae.

„Wie schön leuchtet der Morgenstern."

2 Wie schön leuchtet der Morgenstern

Herrn, voll Gnad'_____ und Wahr _ _ heit, voll Gnad' und Wahr _ heit von dem

Wahr _ heit von dem Herrn, voll Gnad' und Wahrheit von dem Herrn, voll Gnad'_____ und Wahr _

voll Gnad' und Wahrheit von dem Herrn, voll Gnad'_____ und Wahr _ heit, voll Gnad'und Wahrheit von dem

se! _____

se, die sü_sse Wur_zel Jes _ _ se!

____ die sü_sse Wur_zel Jes _ _ se!

sü_sse Wurzel Jes _ _ _ se!

gam, mein Kö _ _ _ nig und mein   Bräu _ tigam, mein Kö _ nig   und   mein   Bräu _ ti _

und   mein   Bräu _ ti _   gam, mein Kö _ nig und mein Bräu _ ti   gam, mein Kö _ nig und mein Bräu _ ti _

mein Kö _ nig und mein Bräu _ ti   gam, mein Kö _ nig und mein Bräu _ ti   gam, mein Kö _ nig und mein Bräu _ ti _

ben, _____

ben,   reich _____ von Ga _ _ ben,

gross und ehr _ lich, reich von Ga _ _ ben,

Ga _ _ _ _ _ _ _ ben,

30   Wie schön leuchtet der Morgenstern

34 Wie schön leuchtet der Morgenstern

RECITATIVO.

Tenore.

Continuo.

Du wahrer Gottes und Ma-ri-en Sohn, du König derer Auser-wählten, wie süss ist uns dies Lebenswort, nach

dem die ersten Vä-ter schon so Jahr' als Ta-ge zählten, das Ga-bri-el mit Freuden dort in Bethlehem ver-

heissen! O Süssigkeit, o Himmelsbrod, das weder Grab, Gefahr, noch Tod aus unsern Herzen reissen.

ARIA.

Oboe di caccia.

Soprano.

Continuo.

pizzicato

Er -

p

f

f

fül-let, ihr himmlischen gött - - li-chen Flammen, die nach euch ver-lan - - gende gläubi-ge Brust.

p

f

46 Wie schön leuchtet der Morgenstern

lang mit Ge _ sang, gro _ sser Kö _ nig, dich zu lo _ ben.

48 Wie schön leuchtet der Morgenstern

Da Capo.

A _ men! A _ men! Komm du schö_ne Freudenkrone, bleib' nicht lan _ ge, dei _ ner wart' ich mit Ver_ lan _ gen.

A _ men! A _ men! Komm du schö_ne Freudenkrone, bleib' nicht lan _ ge, dei _ ner wart' ich mit Ver_ lan _ gen.

A _ men! A _ men! Komm du schö_ne Freudenkrone, bleib nicht lan _ ge, dei _ ner wart' ich mit Ver_ lan _ gen.

A _ men! A _ men! Komm du schö_ne Freudenkrone, bleib' nicht lan _ ge, dei _ ner wart' ich mit Ver_ lan _ gen.

Feria 2 Paschatos.
„Bleib' bei uns, denn es will Abend werden."

54 Bleib' bei uns, denn es will Abend werden

58   Bleib' bei uns, denn es will Abend werden

62 Bleib' bei uns, denn es will Abend werden

64   Bleib' bei uns, denn es will Abend werden

68 Bleib' bei uns, denn es will Abend werden

RECITATIVO.

Basso.

Es hat die Dun_kel_heit an vielen Or_ten ü_ber_hand ge_nommen. Woher ist

Continuo.

a_ber dieses kommen? Blos da her, weil sowohl die Kleinen, als die Grossen nicht in Gerech_tigkeit vor

dir; o Gott, gewandel und wider ihre Christenpflicht ge_handelt. Drum hast du auch den Leuchter umge_stossen.

ARIA.

Violino I.

Violino II.

Viola.

Tenore.

Continuo.

Je - su, lass uns auf dich se - - hen,

CHORAL.

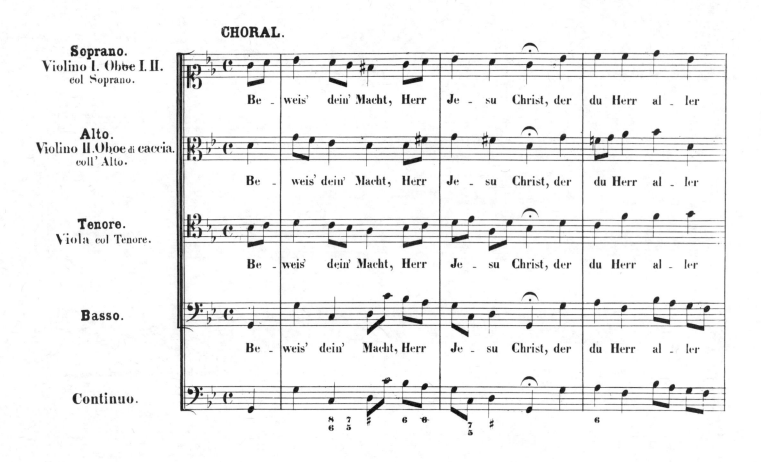

Soprano. Violino I. Oboe I. II. col Soprano.
Be — weis' dein' Macht, Herr Je — su Christ, der du Herr al — ler

Alto. Violino II. Oboe di caccia. coll' Alto.
Be — weis' dein' Macht, Herr Je — su Christ, der du Herr al — ler

Tenore. Viola col Tenore.
Be — weis' dein' Macht, Herr Je — su Christ, der du Herr al — ler

Basso.
Be — weis' dein' Macht, Herr Je — su Christ, der du Herr al — ler

Continuo.

Her — ren bist: be — schirm' dein' ar — me Christen — heit, dass sie dich lob' in E — wig — keit.

Her — ren bist: be — schirm' dein' ar — me Chri — stenheit, dass sie dich lob' in E — wig — keit.

Her — ren bist: be — schirm' dein' ar — me Chri — stenheit, dass sie dich lob' in E — wig — keit.

Her — ren bist: be — schirm' dein' ar — me Chri — sten — heit, dass sie dich lob' in E — wig — keit.

Festo Michaelis.
„Es erhub sich ein Streit."

es erhub sich ein Streit, ein Streit, _____ es erhub sich ein Streit, ein Streit, _____ es erhub sich ein

Streit, _____ es erhub sich ein Streit, _____ es er_hub sich ein Streit, _____

hub sich ein Streit, _____ es er_hub sich ein Streit, _____ es er_hub sich ein Streit, ein

es erhub sich ein Streit, es erhub sich ein Streit, es erhub sich ein Streit.

Streit, es er_hub sich ein Streit. es erhub sich ein Streit.

Streit, es er_hub sich ein Streit, sich ein Streit.

Streit, es erhub sich ein Streit.

Die ra_sende Schlange und höl_lische Drache, die ra _ _

Die ra_sende Schlange und höl_lische Drache, die ra _ _

Die ra_sende Schlange und höl_lische Drache stürmt wider den

Die ra_sen_de

Schlange und hölli_sche Drache stürmt wider den Himmel mit wüthender Rache.

Schlange und hölli_sche Drache stürmt wider den Himmel mit wüthender Rache.

Schlange und hölli_sche Drache stürmt wider den Himmel mit wüthender Rache.

_ _ _ _ _ _ _ _ _ che, mit wüthender Rache.

Es erhub sich ein Streit,

Es erhub sich ein Streit,

Es erhub sich ein Streit, es erhub sich ein

Es erhub sich ein Streit, _____

Dal Segno.

RECITATIVO.

Basso. Gottlob! der Drache liegt. Der un_erschaffne Mischa_el und sei_ner En_gel Schaar hat ihn be_siegt; dort liegt er in der Fin_sterniss mit Ket_ten an_ge_bun_den, und sei_ne Stät_te wird nicht mehr im Him_mel_reich ge_funden. Wir stehen si_cher und gewiss, und wenn uns gleich sein Brüllen schrecket, so wird doch un_ser Leib und Seel' mit En_geln zu_ge_decket.

ARIA.

Oboe d'amore I.

Oboe d'amore II.

Soprano.

Continuo.

Wa - gen, es la_gert sich, so nah, so nah, als fern, so nah, als

fern, so nah, als fern, um uns der En_gel un_sers Herrn mit Feu -

_er; Ross und Wa -

_gen, mit Feu_er, Ross und Wa _ gen.

Dal Segno.

RECITATIVO.

Was ist der schnöde Mensch, das Er_den_kind? Ein Wurm, ein armer Sünder. Schaut,

wie ihn selbst der Herr so lieb ge_winnt, dass Er ihn nicht zu niedrig schätzet und ihm die Himmels_

kinder, der Se_ra_phinen Heer zu seiner Wacht und Gegen_wehr, zu seinem Schutze setzet.

mir, ihr En _ _ _ _ _ _ gel, bleibt bei mir, bleibt bei mir!

Füh _ _ ret mich _ auf bei _ _ den

Sei _ _ ten,füh _ _ _ _ ret mich _ auf beiden,auf bei _ den Sei _ ten,füh _ _ _

mir, — ihr En _ gel, bleibt bei — mir, — ihr En _ gel, bleibt bei mir!

RECITATIVO.

Soprano.

Continuo.

Lasst uns das Angesicht der frommen Engel lieben, und sie mit unsern Sünden nicht vertreiben,

oder auch betrüben, so sein sie, wenn der Herr gebeut, der Welt Valet zu sagen, zu unsrer Seligkeit auch unser Himmelswagen.

Lass sie ruhn in deinem Schooss, er_füll' sie mit Freud'und Trost, bis der

Lass sie ruhn in dei_nem Schooss. er_füll' sie mit Freud'und Trost, bis der

Lass sie ruhn in dei_nem Schooss, er_füll' sie mit Freud' und Trost, bis der

Lass sie ruhn in dei_nem Schooss, er_ füll'___ sie mit Freud' und Trost, bis der

Leib kommt aus der Er _ _ de, und mit ihr ver _ ei _ nigt wer _ _ _ de.

Leib kommt aus der Er _ _ de, und mit ihr ver_ ei _ nigt wer _ _ _ de.

Leib kommt aus der Er _ _ de, und mit ihr ver_ ei_nigt wer _ _ _ de.

Leib kommt aus der Er _ _ de, und mit ihr ver_ ei _ nigt wer _ _ _ de.

Dominica 10 post Trinitatis.

„Schauet doch und sehet, ob irgend ein Schmerz sei."

114   Schauet doch und sehet, ob irgend ein Schmerz sei

120 Schauet doch und sehet, ob irgend ein Schmerz sei

Schauet doch und sehet, ob irgend ein Schmerz sei

Un poco allegro.

hat;

hat; denn der Herr hat mich voll Jam _ _ _ _ _ mers ge_macht, am Ta _ _ ge seines grimmigen

hat;

denn der Herr hat mich voll

hat;

(forte)

grim _ _ _ _ _ _ migen Zorns, der Herr hat mich voll Jam _ _ _ _ _

_ _ _ mers ge _ _ macht, am Ta _ _ _ _ ge sei _ nes grimmigen Zorns, _____

grim _ _ _ mi _ gen Zorns, der Herr hat mich voll Jam _ _ _ _ _ mers ge _

grimmigen Zorns, der Herr hat mich voll Jam _ _ _ _ _

Schauet doch und sehet, ob irgend ein Schmerz sei

höch_sten Huld, die du ent_beh_ren musst durch dei_ne Schuld.   Du wurdest wie   Gomorra zu_ge_

richtet, wiewohl nicht gar ver_nichtet.   O besser! wärest du in Grund zerstört,   als , dass man Christi Feind   jetzt

in dir lästern hört. Du ach _ test Jesu Thränen nicht, so ach _ _ te nun des Ei _ fers Wasser _

wo_gen, die du selbst ü_ber dich ge _ zo_gen, da Gott, nach viel Ge_duld, den Stab zum Ur_theil bricht.

146 Schauet doch und sehet, ob irgend ein Schmerz sei

148   Schauet doch und sehet, ob irgend ein Schmerz sei

Schauet doch und sehet, ob irgend ein Schmerz sei

RECITATIVO.

Alto.

Doch bil-det euch, o Sünder, ja nicht ein, es sei Je-ru-sa-lem al-lein vor andern

Continuo.

Sün-den voll ge-we-sen. Man kann be-reits von euch dies Ur-theil le-sen: weil ihr euch nicht

bessert, und täglich die Sünden ver-grössert, so müsset ihr Al-le so schrecklich umkommen.

ARIA.

Alto.

Flauto I.

Flauto II.

Oboe da caccia I. II.

CHORAL.

Dominica 24 post Trinitatis.

DIALOGUS.

„O Ewigkeit, du Donnerwort."

163

Todten, die in ___ dem Her_ren sterben, die in dem Her_ren sterben, von nun an, von

nun an, von nun an, von nun an; se ___ lig sind die Tod_ten, die

Tod_ten, die in ___ dem Her_ren ster ___ ben, von nun an.

(Recit.)

Wohl_an! soll ich von nun an se_lig sein: so stel_le dich, o Hoffnung! wie_der

ein. Mein Leib mag oh_ne Furcht im Schlafe ruhn, der Geist kann ei_nen Blick in je_ne Freu_de thun.

Festo Epiphanias.
„Sie werden aus Saba Alle kommen."

Sie werden aus Saba Al _ le kom _ _ _ _ _ _

kom _ _ _ _ _ _ _ _ _ men, Gold und Weihrauch brin _ _ _ _ _

190 Sie werden aus Saba Alle kommen

gen.

Sie werden aus Sa _ ba Al _ le kommen, Gold_____ und Weih _

gen.

Sie werden aus Sa _ ba Al _ le kommen, Gold_____ und

gen.

Sie werden aus Sa _ ba Al _ le kommen, Gold_____ und

gen.

Sie werden aus Sa _ ba Al _ le kommen, Gold und Weih _ rauch, Gold und

CHORAL. Melodie: „Puer natus in Bethlehem."

RECITATIVO.

Basso.

Was dort Je-sa-i-as vor-her-ge-sehn, das ist zu Beth-le-hem ge-schehn.

Continuo.

Hier stel-len sich die Wei-sen bei Je-su Krippe ein, und wol-len ihn als ih-ren Kö-nig preisen.

Gold, Weihrauch, Myrrhen sind die köst-li-chen Ge-schenke, wo-mit sie die-ses Je-suskind zu Beth-le-hem im Stall be-eh-ren. Mein Je-su, wenn ich jetzt an meine Pflicht geden-ke, muss ich mich auch zu dei-ner Krippe keh-ren, und gleichfalls dank-bar sein: denn die-ser Tag ist mir ein Tag der Freuden, da du, o Le-bens-fürst, das Licht der Hei-den, und ihr Er-lö-ser wirst. Was a-ber bring'ich wohl, du Himmels-kö-nig? Ist dir mein Herze nicht zu we-nig, so nimm es gnä-dig an, weil ich nichts Ed-lers brin-gen kann.

ARIA.

Oboe da caccia I.

Oboe da caccia II.

Basso.

Continuo.

Gold und O_phir ist zu schlecht,

Gold und O_phir ist zu

schaar,____ Je_su zu dem neu_en Jahr, schenke dies, o Chri_sten _schaar, Je_su zu dem neu _en

Jahr, schenke dies, o Chri_sten _schaar,____ Je _ _ su zu dem neu en Jahr, zu dem neuen

Jahr.

RECITATIVO.

Tenore.

Ver_schmähe nicht, du, mei_ner See_len Licht, mein Herz, das ich in De_muth zu dir

Continuo.

brin_ge. Es schliesst ja sol_che Din_ge in sich zu_gleich mit ein, die dei_nes Gei_stes Früch_te

sein. Des Glau_bens Gold, der Weihrauch des Ge_bets, die Myrr_hen der Ge_duld sind mei_ne

Ga_ben, die sollst du, Je_su, für und für zum Ei_genthum und zum Ge_schen_ke ha_ben. Gieb a_ber

dich auch sel_ber mir, so machst du mich zum Reich_sten auf der Er_den; denn, hab' ich dich, so

muss des gröss_ten Reich_thums Ü_ber_fluss mir der_mal_einst im Him_mel wer_den.

ARIA.

Flauto I.

Flauto II.

Corno I.

Corno II.

Oboe da caccia I.

Oboe da caccia II.

Violino I.

Violino II.

Viola.

Tenore.

Continuo.

nimm mein Her_ze zum Ge _ schen _ ke.   Al _ les, Al _ les, was ich bin,

Al _ les, Al _ les, was ich bin,   was ich

CHORAL. Melodie: „Was mein Gott will gescheh' allzeit."

Festo Reformationis.
„Gott, der Herr, ist Sonn' und Schild."

CHORAL. Melodie: „Nun danket Alle Gott.“

RECITATIVO.

Basso.

Continuo.

Gott Lob! wir wis_sen den rech_ten Weg zur Se_lig_keit; denn, Je_su, du hast ihn uns durch dein Wort ge_wie_sen, d'rum bleibt dein Na_me je_derzeit ge_priesen. Weil a_ber Vie_le noch, zu die_ser Zeit, an fremdem Joch aus Blind_heit zie_hen müs_sen, ach! so er_bar_me dich auch ih_rer gnä_diglich, dass sie den rechten Weg er_ken_nen und dich bloss ih_ren Mitt_ler nen_nen!

ARIA (a due).

Violini I. II.
unisoni.

Soprano.

Basso.

Continuo.

Gott, ach___ Gott, ver_lass die Dei_nen nim_mer_mehr!

Gott, ach___ Gott, ver_lass die Dei_nen nim_mer_mehr!

Gott, ach___

Gott, ach___

CHORAL. Melodie: „Wach auf, mein Herz, und singe." (Sechsstimmig.)

Corno I.II.

Timpani.

Soprano.
Flauto traverso I.II.
Oboe I.II.Violino I.
col Soprano.

Alto.
Violino II. coll'Alto.

Tenore.
Viola col Tenore.

Basso.

Continuo.

Soprano: Er halt uns in der Wahr — heit, gieb e — wig — li — che

Alto: Er halt uns in der Wahr — heit, gieb e — wig — li — che

Tenore: Er halt uns in der Wahr — heit, gieb e — wig — li — che

Basso: Er halt' uns in der Wahr — heit, gieb e — wig — li — che

Soprano: Frei — heit, zu prei — sen dei — nen Na — men durch Je — sum Chri — stum, A — men!

Alto: Frei — heit, zu prei — sen dei nen Na — men durch Jesum Chri — stum, A — men!

Tenore: Frei — heit, zu prei — sen dei — nen Na — men durch Je — sum Chri — stum, A — men!

Basso: Frei — heit, zu prei — sen dei — nen Na — men durch Je — sum Chri — stum, A — men!

TRANSLATIONS

Wie schön leuchtet der Morgenstern

Wie schön leuchtet der Morgenstern
voll Gnad' und Wahrheit von dem Herrn
die süsse Wurzel Jesse!
Du Sohn Davids aus Jacobs Stamm,
mein König und mein Bräutigam,
hast mir mein Herz besessen,
lieblich, freundlich, schön und herrlich,
gross und ehrlich,
reich von Gaben,
hoch und sehr prächtig erhaben.

RECITATIVO:
Du wahrer Gottes und Marien Sohn,
du König derer Auserwählten,
wie süss ist uns dies Lebenswort,
nach dem die ersten Väter schon
so Jahr' als Tage zählten,
das Gabriel mit Freuden dort
in Bethlehem verheissen!
O Süssigkeit, O Himmelsbrod,
das weder Grab, Gefahr, noch Tod
aus unsern Herzen reissen.

ARIA:
Erfüllet, ihr himmlischen göttlichen Flammen,
die nach euch verlangende gläubige Brust.
Die Seelen empfinden die kräftigsten Triebe
der brünstigen Liebe,
und schmecken auf Erden die himmlische Lust.

RECITATIVO:
Ein ird'scher Glanz, ein leiblich Licht,
rührt meine Seele nicht;
ein Freudenschein ist mir von Gott entstanden,
denn ein vollkommnes Gut,
des Heilands Leib und Blut,
ist zur Erquickung da.
So muss uns ja
der überreiche Segen,
der uns von Ewigkeit bestimmt,
und unser Glaube zu sich nimmt,
zum Dank und Preis bewegen.

How beautifully the morning star gleams,
full of grace and truth from the Lord,
the sweet root of Jesse!
Son of David from Jacob's lineage,
my king and my bridgegroom,
You have occupied my heart,
lovely, friendly, beautiful and majestic,
great and honorable,
rich in gifts,
high and most splendidly sublime.

You true son of God and Mary,
You King of the chosen,
how sweet to us is this word of life,
according to which even the earliest fathers
counted days and years,
the word that Gabriel joyously
promised there in Bethlehem!
O sweetness, O bread from heaven,
which neither the grave, danger nor death
can tear from our hearts.

You heavenly, divine flames, fill
the faithful breast that longs for you.
Our souls feel the most violent impulses
of ardent love,
and taste heavenly pleasure here on earth.

An earthly aura, a corporeal light,
does not stir my soul;
a beam of joy arose for me from God,
for a perfect treasure,
the Savior's body and blood,
is on hand to refresh me.
Thus indeed
the extremely rich blessing,
intended for us from all eternity
and accepted by our faith,
must move us to thanks and praise.

ARIA:
Unser Mund und Ton der Saiten
sollen dir
für und für
Dank und Opfer (zu)bereiten.
Herz und Sinnen sind erhoben,
lebenslang
mit Gesang,
grosser König, dich zu loben.

Our lips and the music of strings
shall
constantly
prepare thanks and offerings to You.
Our hearts and minds are lifted up
all our life long
with song
to praise You, great King.

CHORAL:
Wie bin ich doch so herzlich froh,
dass mein Schatz ist das A und O,
der Anfang und das Ende;
Er wird mich doch zu seinem Preis
aufnehmen in das Paradeis,
dess klopf' ich in die Hände.
Amen! Amen! Komm du schöne
Freudenskrone, bleib' nicht lange,
deiner wart' ich mit Verlangen.

How very happy I am in my heart
that my treasure is the Alpha and Omega,
the beginning and the ending;
He will surely, to His glory,
receive me in Paradise;
for that I clap my hands.
Amen! Amen! Come, you beautiful
crown of joy, do not tarry long,
I await you with yearning.

Bleib' bei uns, denn es will Abend werden

Bleib' bei uns, denn es will Abend werden und der Tag hat
   sich geneiget.

Stay with us, for it is toward evening and the day is now
   far spent. [Luke 24:29]

ARIA:
Hochgelobter Gottes Sohn,
lass es dir nicht sein entgegen,
dass wir itzt vor deinem Thron
eine Bitte niederlegen:
Bleib', ach bleibe unser Licht,
weil die Finsterniss einbricht.

Highly praised Son of God,
let it not be against Your will
if we now before Your throne
submit a prayer:
Remain, ah, remain our light,
for the darkness is closing in around us.

CHORAL:
Ach bleib' bei uns Herr Jesu Christ,
weil es nun Abend worden ist,
göttlich Wort, das helle Licht,
lass ja bei uns auslöschen nicht.
In dieser letzt betrübten Zeit
verleih' uns, Herr, Beständigkeit,
dass wir dein Wort und Sacrament
rein behalt'n bis an unser End'.

Ah, stay with us, Lord Jesus Christ,
for it has now become evening;
let the divine word, the bright light,
not be extinguished for us.
In this last, melancholy time
lend us steadfastness, O Lord,
so that we may maintain Your word and sacrament
in their purity as long as we live.

RECITATIVO:
Es hat die Dunkelheit
an vielen Orten überhand genommen.
Woher ist aber dieses kommen?
Blos daher, weil sowohl die Kleinen, als die Grossen
nicht in Gerechtigkeit
vor dir, o Gott, gewandelt
und wider ihre Christenpflicht gehandelt.
Drum hast du auch den Leuchter umgestossen.

The darkness
in many places has won the upper hand.
But how has this come about?
Merely because both small and great
have not walked in justice
before You, O God,
and have dealt contrary to their Christian duty.
Therefore you have overturned the candlesticks.

ARIA:
Jesu, lass uns auf dich sehen,
dass wir nicht auf den Sündenwegen gehen.
Lass das Licht deines Wort's uns heller scheinen
und dich jederzeit treu meinen.

CHORAL:
Beweis' dein' Macht, Herr Jesu Christ,
der du Herr aller Herren bist:
beschirm' dein' arme Christenheit,
dass sie dich lob' in Ewigkeit.

Jesus, let us look upon You,
so that we do not walk the ways of sin.
Let the light of Your word shine more brightly for us
and let us always remain faithful to You.

Give proof of Your power, Lord Jesus Christ,
You that are the ruler of all rulers:
Protect Your poor Christian folk,
so that they may praise You for all eternity.

Es erhub sich ein Streit

Es erhub sich ein Streit.
Die rasende Schlange und höllische Drache
stürmt wider den Himmel mit wüthender Rache.
Aber Michael bezwingt,
und die Schaar, die ihn umringt,
stürzt des Satans Grausamkeit.

A battle arose.
The raging serpent and dragon of hell
attacks heaven in furious vengeance.
But Michael overcomes it,
and the host that surrounds him
overturns Satan's cruelty.

RECITATIVO:
Gottlob! der Drache liegt.
Der unerschaffne Michael
und seiner Engel Schaar hat ihn besiegt;
dort liegt er in der Finsterniss
mit Ketten angebunden,
und seine Stätte wird nicht mehr im Himmelreich
   gefunden.
Wir stehen sicher und gewiss,
und wenn uns gleich sein Brüllen schrecket,
so wird doch unser Leib und Seel'
mit Engeln zugedecket.

Praise be to God! The dragon succumbs.
Michael the uncreated
and his angelic host have conquered it;
there it lies in darkness,
bound with chains,
and its place is no longer found in the kingdom of heaven.

We stand certain and secure,
and even if its roaring frightens us,
still our bodies and souls
are protected by angels.

ARIA:
Gott schickt uns Mahanaim zu;
wir stehen oder gehen,
so können wir in sichrer Ruh
für unsern Feinden stehen.
Es lagert sich, so nah, als fern,
um uns der Engel unsers Herrn
mit Feuer, Ross und Wagen.

God sends us Mahanaim;*
in our comings and our goings
we are able, in safe repose,
to face our enemies.
Round about us, near and far,
the angel of our Lord encamps
with fire, steeds and chariots.

RECITATIVO:
Was ist der schnöde Mensch, das Erdenkind?
Ein Wurm, ein armer Sünder.
Schaut, wie ihn selbst der Herr so lieb gewinnt,
dass Er ihn nicht zu niedrig schätzet
und ihm die Himmelskinder,
der Seraphinen Heer
zu seiner Wacht und Gegenwehr,
zu seinem Schutze setzet.

What is contemptible man, the child of earth?
A worm, a poor sinner.
See how the Lord loves even such a one so much
that He deems him not too lowly
and sends the children of heaven,
the army of seraphim,
to watch over him and fight for him,
to protect him.

*Armies of angels; see Genesis 32:1, 2.

ARIA:

Bleibt, ihr Engel, bleibt bei mir!
Führet mich auf beiden Seiten,
dass mein Fuss nicht möge gleiten,
aber lernt mich auch allhier
euer grosses Heilig singen,
und dem Höchsten Dank zu bringen!

Remain, you angels, remain with me!
Stand on both sides and lead me
so that my foot may not slip,
but teach me even here on earth
to sing that great "Holy!" of yours
and give thanks to the Highest!

RECITATIVO:

Lasst uns das Angesicht der frommen Engel lieben,
und sie mit unsern Sünden nicht vertreiben, oder auch
    betrüben,
so sein sie, wenn der Herr gebeut,
der Welt Valet zu sagen,
zu uns'rer Seligkeit
auch unser Himmelswagen.

Let us love the sight of the pious angels
and not drive them away with our sins, or even sadden them,

so, when the lord commands us
to say farewell to the world,
for our bliss,
may they also be our chariot to heaven.

CHORAL:

Lass dein' Engel mit mir fahren
auf Elias Wagen roth,
Und mein' Seele wohl bewahren,
Wie Laz'rum nach seinem Tod.
Lass sie ruhn in deinem Schooss,
erfüll' sie mit Freud' und Trost,
bis der Leib kommt aus der Erde,
und mit ihr vereinigt werde.

Let Your angels ride with me
on Elijah's fiery chariot
and protect my soul carefully,
like Lazarus after his death.
Let it rest in Your bosom,
fill it with joy and comfort,
until my body rises from the earth
to be joined with it.

Schauet doch und sehet, ob irgend ein Schmerz sei

Schauet doch und sehet, ob irgend ein Schmerz sei, wie mein Schmerz, der mich troffen hat; denn der Herr hat mich voll Jammers gemacht, am Tage seines grimmigen Zorns.

Look and see if there is any sorrow like my sorrow which was brought upon me, which the Lord inflicted on the day of his fierce anger (Lamentations 1:12).

RECITATIVO:

So klage du, zerstörte Gottesstadt,
du armer Stein und Aschenhaufen!
Lass ganze Bäche Thränen laufen,
weil dich betroffen hat
ein unersetzlicher Verlust
der allerhöchsten Huld,
die du entbehren musst
durch deine Schuld.
Du wurdest wie Gomorra zugerichtet,
wie wohl nicht gar vernichtet.
O besser! wärest du in Grund zerstört,

als, dass man Christi Feind jetzt in dir lästern hört.

Du achtest Jesu Thränen nicht,
so achte nun des Eifers Wasserwogen,
die du selbst über dich gezogen,
da Gott, nach viel Geduld, den Stab zum Urtheil bricht.

So lament, you destroyed city of God,
you poor heap of stones and ashes!
let whole streams of tears flow,
because you have been afflicted
with the irreplaceable loss
of the highest grace,
which you must lack
through your guilt.
You were treated harshly like Gomorrah,
although not completely annihilated.
Oh, it would have been better for you to be razed to the ground
than for the enemy of Christ to be heard now blaspheming within you.
You do not heed Jesus' tears,
so now heed the avid waves
which you have brought upon yourself,
now that God, after much patience, condemns you in His judgment.

246   Translations

ARIA:
Dein Wetter zog sich auf von Weitem,
doch dessen Strahl bricht endlich ein!
Und muss dir unerträglich sein:
da überhäufte Sünden
der Rache Blitz entzünden,
und dir den Untergang bereiten.

Your storm arose from far off,
but its flash is finally falling,
and must be unbearable for you,
since your accumulated sins
ignite the lightning of vengeance
and prepare your destruction.

RECITATIVO:
Doch, bildet euch, o Sünder, ja nicht ein,
es sei Jerusalem allein
vor andern Sünden voll gewesen.
Mann kann bereits von euch dies Urtheil lesen:
weil ihr euch nicht bessert,
und täglich die Sünden vergrössert,
so müsset ihr Alle so schrecklich umkommen.

But, sinners, do not imagine
that Jerusalem alone
was full of sin before all others.
This judgment can already be read about you:
Because you do not improve
but daily augment your sins,
you must all perish so frightfully.

ARIA:
Doch Jesus will auch bei der Strafe
der Frommen Schild and Beistand sein;
er sammelt sie als seine Schafe,
als seine Küchlein liebreich ein.
Wenn Wetter der Rache die Sünden belohnen,
hilft er, dass Fromme sicher wohnen.

But Jesus, even while punishing,
wishes to be the shield and protector of the pious;
He gathers them together like His sheep,
lovingly like His brood of chicks.
When storms of vengeance repay sins,
He helps the pious to dwell in safety.

CHORAL:
O grosser Gott der Treu',
weil vor dir Niemand gilt
als dein Sohn Jesus Christ,
der deinen Zorn gestillt:
so sieh' doch an die Wunden sein,
sein' Marter, Angst und schwere Pein.
Um seinetwillen schone,
und nicht nach Sünden lohne.

O great God of loyalty,
because no one is valid before You
except Your Son Jesus Christ,
Who has stilled Your anger:
look upon His wounds,
His torments, anguish and heavy suffering.
For His sake spare us
and do not repay us according to our sins.

O Ewigkeit, du Donnerwort

(DIE FURCHT:)
O Ewigkeit, du Donnerwort,
o Schwert, das durch die Seele bohrt,
o Anfang ohne Ende!
O Ewigkeit, Zeit ohne Zeit,
ich weiss vor grosser Traurigkeit
nicht, wo ich mich hinwende;
mein ganz erschrock'nes Herze bebt,
dass mir die Zung' am Gaumen klebt.
(DIE HOFFNUNG:)
Herr, ich warte auf dein Heil.

(FEAR:)
O eternity, you word of thunder,
O sword that pierces the soul,
O beginning without end!
O eternity, time without time,
in my great sadness I do not know
where to turn;
my totally frightened heart trembles,
so that my tongue cleaves to my palate.
(HOPE:)
Lord, I await Your salvation.

RECITATIVO:
(DIE FURCHT:)
O schwerer Gang zum letzten Kampf und Streite!

(FEAR:)
O difficult journey to the last battle and conflict!

(DIE HOFFNUNG:)
Mein Beistand ist schon da,
mein Heiland steht mir ja
mit Trost zur Seite!
(DIE FURCHT:)
Die Todesangst, der letzte Schmerz
ereilt und überfällt mein Herz,
und martert diese Glieder.
(DIE HOFFNUNG:)
Ich lege diesen Leib vor Gott zum Opfer nieder.
Ist gleich der Trübsal Feuer heiss,
genug, es reinigt auch zu Gottes Preis.
(DIE FURCHT:)
Doch, nun wird sich der Sünden grosse Schuld vor mein
   Gesichte stellen!
(DIE HOFFNUNG:)
Gott wird desswegen doch kein Todesurtheil fällen.
Er giebt ein Ende den Versuchungsplagen,
das man sie kann ertragen.

DUETTO:
(DIE FURCHT:)
Mein letztes Lager will mich schrecken,
(DIE HOFFNUNG:)
Mich wird des Heilands Hand bedecken,
(DIE FURCHT:)
des Glaubens Schwachheit sinket fast,
(DIE HOFFNUNG:)
mein Jesus trägt mit mir die Last.
(DIE FURCHT:)
Das off'ne Grab sieht gräulich aus,
(DIE HOFFNUNG:)
Es wird mir doch ein Friedenshaus!

RECITATIVO:
(DIE FURCHT:)
Der Tod bleibt doch der menschlichen Natur verhasst,
und reisset fast
die Hoffnung ganz zu Boden.
(DIE STIMME DES HEILIGEN GEISTES:) [Offenbarung St.
   Johannis Cap. 14, V. 13]
Selig sind die Todten.
(DIE FURCHT:)
Ach! aber ach, wie viel Gefahr
stellt sich der Seele dar,
den Sterbeweg zu gehen!
Vielleicht wird ihn der Höllenrachen,
der Tod, erschrecklich machen,
wenn er sie zu verschlingen sucht;
vielleicht ist sie bereits verflucht
zum ewigen Verderben.
(DIE STIMME...:)
Selig sind die Todten, die in dem Herren sterben.
(DIE FURCHT:)
Wenn ich im Herren sterbe,
ist dann die Seligkeit mein Theil und Erbe?
Der Leib wird ja der Würmer Speise!

(HOPE:)
My protector is already here,
indeed my Savior stands
by my side with consolation!
(FEAR:)
The anguish of death, the final pain,
overtakes and assaults my heart,
and tortures my limbs.
(HOPE:)
I lay this body down before God as a sacrifice
Even if the fire of suffering is hot,
let that be!—it also purifies me to praise God.
(FEAR:)
But now the great guilt of my sins will appear before my eyes!

(HOPE:)
But God will not therefore pass a judgment of death.
He puts an end to the torments of temptation
so that they become bearable.

(FEAR:)
My final resting place frightens me.
(HOPE:)
The Savior's hand will cover me.
(FEAR)
My feeble faith has almost succumbed.
(HOPE:)
My Jesus carries my burden with me.
(FEAR:)
The yawning grave looks gruesome.
(HOPE:)
But for me it will become a house of peace!

But death remains hateful to man's nature,
and nearly pulls
hope down to the ground.
(VOICE OF THE HOLY GHOST [Revelation 14:13]:)

Blessed are the dead.
(FEAR:)
Alas, alas, how many dangers
appear before the soul
that must tread the path of dying!
Perhaps the jaws of hell,
perhaps death, will make that path frightful,
when death attempts to swallow the soul;
perhaps the soul is already doomed
to eternal perdition.
(VOICE...:)
Blessed are the dead who die in the Lord.
(FEAR:)
If I die in the Lord,
is bliss then my part and my inheritance?
But my body becomes the food of worms!

Ja, werden meine Glieder
zu Staub und Erde wieder,
da ich ein Kind des Todes heisse,
so schein' ich ja im Grabe zu verderben.
(DIE STIMME:)
Selig sind die Todten, die in dem Herren sterben, von nun
    an.
(DIE FURCHT:)
Wohlan! soll ich von nun an selig sein:
so stelle dich, o Hoffnung! wieder ein.
Mein Leib mag ohne Furcht im Schlafe ruhn,
der Geist kann einen Blick in jene Freude thun.

CHORAL:
Es ist genug:
Herr, wenn es dir gefällt,
so spanne mich doch aus.
Mein Jesus kommt: nun gute Nacht, o Welt!
ich fahr' in's Himmelshaus,
ich fahre sicher hin mit Frieden,
mein grosser Jammer bleibt darnieden.
Es ist genug.

Yes, if my limbs
revert to dust and earth,
since I am called a child of death,
then it indeed appears that I rot in the grave.
(VOICE:)
Blessed are the dead who die in the Lord henceforth.

(FEAR:)
Well, then! If I am henceforth to be blessed,
then return again, O hope!
My body may rest in sleep without fear,
my spirit can catch a glimpse of that joyousness.

It is enough.
Lord, if You so will it,
release me from my yoke.
My Jesus comes: now good night, world!
I am journeying to my heavenly home,
I am journeying there securely and peacefully
my great sorrow remains below.
It is enough.

Sie werden aus Saba Alle kommen

Sie werden aus Saba Alle kommen, Gold und Weihrauch
    bringen, und des Herren Lob verkündigen.

All those from Sheba shall come. They shall bring gold
    and frankincense, and shall proclaim the praise of the
    Lord (Isaiah 60:6).

CHORAL:
Die Kön'ge aus Saba kamen dar,
Gold, Weihrauch, Myrrhen brachten sie dar,
Allelujah!

The kings from Sheba came,
they brought gold, frankincense, myrrh,
hallelujah!

RECITATIVO:
Was dort Jesaias vorhergesehn,
das ist zu Bethlehem geschehn.
Hier stellen sich die Weisen
bei Jesu Krippe ein,
und wollen ihn als ihren König preisen.
Gold, Weihrauch, Myrrhen sind
die köstlichen Geschenke,
womit sie dieses Jesuskind
zu Bethlehem im Stall beehren.
Mein Jesu, wenn ich jetzt an meine Pflicht gedenke,
muss ich auch zu deiner Krippe kehren,
und gleichfalls dankbar sein:
denn dieser Tag ist mir ein Tag der Freuden,
da du, o Lebensfürst,
das Licht der Heiden,
und ihr Erlöser wirst.
Was aber bring' ich wohl, du Himmelskönig?
Ist dir mein Herze nicht zu wenig,
so nimm es gnädig an,
weil ich nichts Edlers bringen kann.

What Isaiah predicted there,
Took place in Bethlehem.
Here the Wise Men
appear at Jesus' manger,
and desire to praise Him as their king.
Gold, frankincense, myrrh are
the costly gifts
with which they honor the Christ Child
in the stable in Bethlehem.
My Jesus, when I now remember my duty,
I too must return to Your manger,
and also be thankful:
for this day is a day of joy to me,
on which You, O Prince of Life,
become the light of the heathen
and their Redeemer.
But what shall I bring You, King of heaven?
If my heart is not too small a gift for You,
accept it graciously,
for there is nothing of more value that I can bring.

ARIA:

Gold und [aus?] Ophir ist zu schlecht,
weg, nur weg mit eitlen Gaben!
die ihr aus der Erde brecht,
Jesus will das Herze haben!
schenke dies, o Christenschaar,
Jesu zu dem neuen Jahr.

RECITATIVO:

Verschmähe nicht,
du, meiner Seelen Licht,
mein Herz, das ich in Demuth zu dir bringe.
Es schliesst ja solche Dinge
in sich zugleich mit ein,
die deines Geistes Früchte sein.
Des Glaubens Gold, der Weihrauch des Gebets, die
    Myrrhen der Geduld sind meine Gaben,
die sollst du, Jesu, für und für
zum Eigenthum und zum Geschenke haben.
Gieb aber dich auch selber mir,
so machst du mich zum Reichsten auf der Erden;
denn, hab' ich dich, so muss
des grössten Reichthums Überfluss
mir dermaleinst im Himmel werden.

ARIA:

Nimm mich dir zu eigen hin,
nimm mein Herze zum Geschenke.
Alles, Alles, was ich bin,
was ich rede, thu' und denke,
soll, mein Heiland, nur allein
dir zum Dienst gewidmet sein!

CHORAL:

Ei nun, mein Gott, so fall' ich dir
getrost in deine Hände,
nimm mich, und mach' es so mit mir
bis an mein letztes Ende:
wie du wohl weisst,
dass meinem Geist
dadurch sein Weg entstehe,
und deine Ehr
je mehr und mehr
sich in mir selbst erhöhe.

Gold from Ophir is not good enough;
away, away with empty gifts
which you dig out of the earth;
Jesus wants to have your heart!
Give Jesus that, O throng of Christians,
as a New Year's gift.

Do not,
O light of my soul,
scorn my heart, which I humbly bring You;
for it contains things
within it
that are the fruit of Your spirit.
The gold of faith, the frankincense of prayer, the myrrh of
    patience are my gifts;
These, Jesus, ever and ever
shall You have as Your possession and Your gift.
But in turn give Yourself to me,
and You will make me the richest person on earth;
for, if I have You,
the abundance of the greatest wealth
must one day be mine in heaven.

Take me as Your own,
take my heart as a gift.
Everything, everything I am,
whatever I say, do and think,
shall, my Savior, be exclusively
devoted to Your service!

So now, my God, I place myself
confidently in Your hands;
take me and treat me thus
until the end of my days:
so that, as You know,
my spirit
may thereby find its pathway,
and respect for You
more and more all the time
may increase within me.

Gott, der Herr, ist Sonn' und Schild

Gott, der Herr, ist Sonn' und Schild, der Herr giebt Gnade
    und Ehre! Er wird kein Gutes mangeln lassen den
    Frommen.

For the Lord God is a sun and shield; He bestows favor
    and honor. No good thing does the Lord withhold from
    those who walk uprightly (Psalm 84:11).

ARIA:
Gott ist unser Sonn' und Schild!
darum rühmet dessen Güte
unser dankbares Gemüthe,
die er für sein Häuflein hegt.
Denn er will uns ferner schützen,
ob die Feinde Pfeile schnitzen,
und ein Lästerhund gleich billt.

CHORAL:
Nun danket Alle Gott
mit Herzen, Mund und Händen,
der grosse Dinge thut
an uns und allen Enden,
der uns von Mutterleib'
und Kindesbeinen an
unzählig viel zu gut,
und noch jetzo gethan!

RECITATIVO:
Gott Lob! wir wissen den rechten Weg zur Seligkeit;
denn, Jesu, du hast ihn uns durch dein Wort gewiesen,

d'rum bleibt dein Name jederzeit gepriesen.
Weil aber viele noch, zu dieser Zeit,
an fremdem Joch aus Blindheit ziehen müssen,
ach! so erbarme dich
auch ihrer gnädiglich,
dass sie den rechten Weg erkennen
und dich bloss ihren Mittler nennen!

ARIA:
Gott, ach Gott, verlass die Deinen
nimmermehr!
Lass dein Wort uns helle scheinen;
obgleich sehr
wider uns die Feinde toben:
so soll unser Mund dich loben.

CHORAL:
Erhalt' uns in der Wahrheit,
gieb ewigliche Freiheit,
zu preisen deinen Namen
durch Jesum Christum, Amen!

God is our sun and shield!
Therefore our thankful minds
praise His kindness,
which He nurtures for His flock.
For He intends to protect us further,
even though our enemies whittle arrows
and a blasphemous dog barks.

Now let all thank God
with hearts, lips and hands,
God Who does great things
for us and everywhere,
Who, from our mothers' womb
and our childhood on,
has done us incalculable good
and is still doing so!

Thank God, we know the right path to blessedness,
for You, Jesus, have pointed it out to us through Your
    word;
thus Your name is always praised.
But because many people still at this time
must bear the yoke of others out of blindness,
ah, have mercy
on them too in Your grace,
so that they may recognize the right path
and name You alone as their intercessor.

God, oh God, never abandon
Your people!
Let Your word shine brightly for us;
even though
our enemies rage wildly against us,
our lips shall praise You.

Maintain us in truth,
give us eternal freedom
to praise Your name
through Jesus Christ. Amen!